EXPRESSIONS AMOUREUSES

expliquées

LES SUBTILITÉS DU FRANÇAIS

EXPRESSIONS AMOUREUSES
expliquées

———

Brigitte Bulard-Cordeau

●

Pour mon singe ×××Cat×

CHÊNE

Introduction

Quel est le sujet qui a nécessité de savoir présenter toutes les nuances du sentiment pour arriver à ses fins ? Quel est le thème qui depuis l'origine de l'écriture a fait couler le plus d'encre ? C'est bien entendu l'AMOUR ! Préoccupation essentielle pour l'espèce humaine à l'origine si elle voulait croître et multiplier, souci existentiel dès lors que les hommes ont voulu fuir la solitude et fonder un foyer, obsession dans la recherche du bonheur et du plaisir, l'amour est absolument universel et nécessite l'appui de la rhétorique et d'un vocabulaire le plus riche et nuancé possible.

Si vous voulez séduire une femme, il faut lui présenter avantageusement l'émotion qu'elle suscite chez vous. Si vous voulez attirer un homme dans vos filets, les sous-entendus, les ambiguïtés vous permettront de lui laisser entendre votre tendre penchant. Si vous cherchez un partenaire pour quelques galipettes, quelques images feront davantage qu'un long discours ! Bref, dans toutes les circonstances, vous aurez recours à des expressions imagées, percutantes, amusantes ou touchantes qui vous conduiront au succès !

Toute la palette des nuances amoureuses est ici représentée. Pour chacune des expressions, une explication souriante permet de mieux la comprendre et de l'employer à bon escient. Le commentaire est souvent aussi savoureux que la locution elle-même. Humour et amour font en effet bon ménage. Ne dit-on pas proverbialement que « Femme qui rit est déjà dans son lit » ?
Nous espérons que vous trouverez dans ce petit ouvrage le mot juste pour exprimer vos propres sentiments.

L'auteure

Brigitte Bulard-Cordeau vit à Paris. Membre des Journalistes-Écrivains pour la nature et l'écologie, elle est l'auteure de quarante ouvrages pour adultes et enfants, publiés en plusieurs langues. Aux Éditions du Chêne, elle a notamment publié les quatre *Grimoires enchantés*, *Mes Belles Histoires de chats* et *Le Petit Livre des chats*.

Le coup de foudre

Passion violente et soudaine. Cette expression attestée à la fin du XVIIIe siècle est utilisée par Stendhal dans son œuvre intitulée *De l'amour*. Auparavant, cela désignait un événement inattendu et stupéfiant. En 1680, Richelet emploie le mot « coup » uniquement pour évoquer le coup de foudre. On songe alors au coup porté au cœur. De nos jours, on emploie le verbe « avoir », et l'expression « avoir le coup de foudre » s'applique autant aux objets inanimés (bijou, meuble, maison) qu'à l'être humain.

Avoir le cœur qui bat la chamade

Palpiter, être affolé, se sentir interpellé. À l'origine, le mot « chamade » est un terme militaire italien : *chiamada* signifie « appel ». *La Chamade* est le titre d'un roman de Françoise Sagan. L'expression liée au sentiment amoureux indique un « affolement » dû aux prémices du bonheur amoureux.

L'hymen

Issu du latin *hymen*, qui veut dire « membrane », ce mot a un premier sens anatomique, puis un second d'ordre sentimental tel que « mariage », « union conjugale ». « L'hymen qui nous attache en une autre famille », écrit Corneille dans *Horace*. David Martial a rendu célèbre ce mot dans sa chanson *Célimène* : « C'est, c'est, c'est, c'est l'hymen... »

Avoir le feu au cul

Fam. Avoir de grands besoins sexuels. L'expression date de la première moitié du XVIe siècle. La notion de feu et de bouillonnement se retrouve dans l'expression de même sens : « être en chaleur ».

Brûler pour quelqu'un

Être amoureux de quelqu'un. Expression qui fait partie du langage précieux. On lit dans *Andromaque* de Racine : « On dit qu'il a longtemps brûlé pour la princesse. »

Être à l'ouest

Être perdu, délirer, ne plus savoir ce que l'on dit. L'expression est récente. Mais on ignore pourquoi l'ouest serait un lieu de perdition, et déboussole l'individu.

Perdre le nord

Être désorienté. C'est une sensation qui n'est pas rare lorsque l'on est envahi par le sentiment amoureux. L'expression est née au milieu du XVIe siècle. Elle traduit la perte de ses propres repères. Trois siècles plus tard, elle est utilisée au sens figuré : « s'affoler », « perdre la tête ». Cela correspond parfaitement au registre de l'amour. À l'inverse, quand on l'utilise au sens négatif, le sens est tout autre. Lorsqu'on ne perd pas le nord, c'est que l'on ne manque pas d'audace. En gardant les pieds sur terre, on serait même capable de ruse.

Princesse

Terme de respect et d'admiration à l'égard d'une femme aimée. Le mot vient de cette locution familière du XVIIIe siècle : faire sa princesse, qui désigne une femme affectée mais distinguée, ou encore l'expression « être habillée comme une princesse », qui signifie « être vêtue richement et avec goût ». On dit aussi « avoir (prendre) des airs de princesse ». Cela évoque une attitude distinguée mais froide. Balzac, dans *Un début dans la vie*, évoque la régisseuse blonde de trente-six ans avec ses trois enfants, qui jouait encore à la jeune fille et se donnait « des airs de princesse ».

Avoir la tête à l'envers

Être complètement désorienté, chamboulé, ne plus être dans le bon ordre, sur le bon chemin. C'est bel et bien l'impression que l'on a lorsque l'on est touché par Cupidon.

Faire de l'effet

Produire une forte impression sur quelqu'un, provoquer un trouble. Le mot « effet » est apparenté à « fait », que l'on traduit par *effectus* en latin. Ce qui crée une expression très redondante. C'est dire l'authenticité de l'effet produit.

Un tombeur

Séducteur. Cela vient peut-être de l'expression « tomber dans la gueule du loup », selon la traduction italienne de *Cascare in bocca allupo*. Un tombeur serait donc le réceptacle des victimes.

Beau comme un cœur

Charmant et attendrissant. Ici, le mot « cœur » a le sens
du mot « amour ». « Cœur », issu du latin *cor, cordis*,
est le siège des affections, de l'amour.

Jalouse comme une tigresse

La jalousie fait partie de l'amour passionnel. La sensation
est si vive que la personne qui en est atteinte réagit
comme une tigresse, prête à bondir, mordre, griffer,
dépecer...

Crever les yeux

Priver de la vue la personne qui ose poser le regard
sur « votre propriété » est sans doute un désir
pathologiquement puissant. L'expression n'a rien à voir
avec « cela crève les yeux », absolument inoffensive,
et qui signifie « c'est évident ».

Arracher les cheveux

Menace qui consisterait à punir une personne en la privant de cet atout physique qu'est la chevelure, considérée comme un puissant attrait sexuel. L'expression « s'arracher les cheveux » veut dire « être très préoccupé », « ne plus savoir à quel saint se vouer ».

L'amante

Femme qui aime et qui est aimée ; maîtresse.
C'est le féminin d'« amant », dérivé du verbe latin *amare*, « aimer », dont le participe présent est *amans*. On utilise davantage ce mot au masculin.

Embrasser à bouche que veux-tu

Embrasser passionnément, avec fièvre. L'expression « à bouche que veux-tu » date du milieu du XVIIe siècle. Elle avait trait à la nourriture. On imagine la bouche vouloir beaucoup de choses et être servie à volonté. L'expression est utilisée dans le domaine amoureux et érotique.

Dévorer des yeux

Regarder avec convoitise. L'expression de gourmandise qui s'ajoute au sens de la vue et du goût révèle la volonté de possession.

Avoir l'eau à la bouche

Saliver d'envie, comme cela arrive lorsque l'on voudrait goûter un plat. Au xve siècle, on disait : « L'eau vient en bouche. »

La bouche en cœur

Mettre la bouche en forme de cœur est une manifestation de joie, mais aussi une tentative de charme. C'est aussi l'expression du détachement dans une atmosphère un peu tendue.

Rendez-vous galant

Rendez-vous amoureux. À l'origine, « galant » est le participe présent du verbe *galer*, qui signifie « s'amuser » (VIe s.), issu du gallo-roman *walare*, « se la couler douce ».

Beau comme Apollon

C'est le dieu de la Lumière, de l'Harmonie et aussi de la Jeunesse éternelle. Car il est à l'image du soleil qui ne vieillit jamais. On le représente juvénile, robuste et fort, la chevelure flottante. Le dieu grec est la référence en beauté masculine.

Et plus si affinités

Avoir de profondes ressemblances qui font que l'on peut se choisir mutuellement et s'entendre. L'expression est empruntée par Goethe au *Dictionnaire de physique* de Gehler. C'est la traduction de la formule du physicien suédois Bergman « attractio electiva duplex », qui désigne un phénomène chimique d'échange moléculaire. Elle est employée dans le même sens que la locution « avoir des atomes crochus », en clair : « être faits pour s'entendre ».

Conter fleurette

Chercher à séduire quelqu'un. Cela vient du verbe *fleuretter* au XVIe siècle, signifiant « dire des balivernes ». On utilisait le terme « fleurettes » pour « bagatelles ». Selon une autre version, « fleurette » évoque les petites fleurs découpées ou peintes sur les billets doux. On disait alors : « envoyer des florettes ». L'expression sera transformée en « conter des florettes » ou (fleurettes). Cela signifie « conter de doux propos » (à l'instar de ceux que l'on couchait sur le papier). En 1834, paraît un ouvrage intitulé *Code galant ou Art de conter fleurette*, d'Horace Raisson.

Amoureux transi

Personne paralysée par l'amour. Cette locution du XVIe siècle est construite à partir du verbe intransitif « transi », qui veut dire « engourdi », « délabré ». On emploie l'expression pour décrire une personne focalisée sur son amour et aveuglée.

Nombril-de-Vénus

Umbilicus rupestris est une crassulacée qui pousse sur les rochers. La forme arrondie de sa feuille, creusée en soucoupe, explique le nom vernaculaire « nombril-de-Vénus », déesse de l'Amour et de la Beauté.

Avoir un jules

Avoir un fiancé, un amant. L'expression date de la reine Marie-Antoinette. Elle était très proche de sa confidente, Yolande de Polastron, épouse du comte Jules de Polignac. Pour noyer le poisson quant aux relations plus qu'amicales entre les deux femmes, on disait que Marie-Antoinette « avait un Jules ». On préférait évoquer le prénom du mari au lieu d'insinuer que les deux femmes étaient sous l'influence de Lesbos. « Avoir un jules » s'emploie pour désigner l'élu d'une relation plus sexuelle que sentimentale.

Faire le premier pas

Prendre les devants. Manifester à quelqu'un son intérêt par une parole, un geste ou une invitation afin de créer un lien.

Sacrifier à Vénus

Faire l'amour. Le verbe « sacrifier », du latin *sacrificare*, veut dire « offrir en sacrifice à une divinité », au XIIᵉ siècle. Puis, avec la préposition « à », il prend la signification de « faire la volonté de ». Or, Vénus étant la divinité que l'on implore pour l'amour et la beauté, on a le sens exact de « faire l'amour ». Malgré tout, cette expression du XIXᵉ siècle est très rarement utilisée, sans doute à cause de la notion de sacrifice qu'elle implique.

Être excité(e) comme une puce

Être comme une pile électrique, faire des gestes brusques et désordonnés. Cela peut avoir une connotation sexuelle. Curieusement, on employait le mot « puces » au pluriel dans l'expression « secouer les puces à une femme », ce qui voulait dire « faire l'amour ».

Faire du pied

Frôler avec le pied, par une approche érotique discrète. L'expression se trouve dans la littérature du XXe siècle (Proust). Elle a aussi le sens figuré, comme le signale Alain Rey, de « faire des avances discrètes à quelqu'un ». Ainsi Jacques Prévert écrit-il dans *Paroles* : « Le Diable regarde Dieu en face/Avec un sourire de côté/Et fait du pied aux anges/Et Dieu est bien embêté. »

Faire des avances

Démarches pour nouer des relations avec quelqu'un, notamment pour séduire quelqu'un. Cela veut dire « courtiser », séduire en se montrant entreprenant et usant alors de délicatesse ou de stratégie plus ou moins bien perçues par la personne à qui elles sont destinées.

Avoir le ticket avec quelqu'un

Plaire de façon évidente à une personne et surtout au plan physique. L'expression du XXᵉ siècle s'inspire de l'argot, où « le ticket » correspond à une « invite galante, voire érotique ». Aujourd'hui, l'expression est très répandue. On l'emploie pour marquer l'intérêt ou l'attirance que l'on éprouve pour une personne.

Kiffer

Fam. Aimer beaucoup. On dit même : « Je te kiffe grave. » L'expression est récente. Au départ, *kif* est un mot arabe. Chez nous, ce terme a d'abord été employé par les jeunes générations issues des banlieues. Il est utilisé couramment par les adolescents et jeunes adultes. Le mot a fait son entrée dans les dictionnaires.

Un homme à femmes

Homme qui aime les femmes et, en général, au point qu'il ne s'attache à aucune.

Un billet doux

Message d'amour secret que l'on fait parvenir dans la plus grande discrétion. On trouve cette expression dans *George Dandin* de Molière. L'adjectif « doux » évoque la tendresse qui se dégage d'une lettre emplie de mots doux, c'est-à-dire des mots d'amour.

Le grand jeu

Jouer (faire) le grand jeu, mettre en œuvre toutes ses ressources pour réussir, étaler toutes ses aptitudes. Cela ressemble à la parade nuptiale des animaux où, par exemple, dans la gent ailée, l'oiseau développe son plumage coloré afin d'en mettre plein la vue et impressionner la partenaire. Elle est séduite.

Être de bois

Rester insensible, inébranlable. Le mot « bois » confère une notion de dureté. À l'inverse, l'expression « n'être pas de bois » signifie « ne pas manquer de sensualité ».

Avoir des atomes crochus

Points communs, ressemblances entre deux personnes qui favorisent la sympathie. C'est ce qui fait que le courant passe entre deux êtres. Cela rapproche et chacun a l'impression à la fois intrigante et rassurante de se voir dans un miroir. C'est par conséquent une explication de l'entente immédiate et spontanée entre deux êtres, laquelle semble mystérieuse et incompréhensible. Les atomes crochus sont mentionnés dans la philosophie matérialiste de Démocrite.

Avoir vu le loup

Avoir perdu sa virginité. L'érotisme accolé au loup est apparu au XVIIe siècle, ainsi qu'on peut le lire dans les *Contes* de Perrault.

Maux d'amour

Souffrances de l'amour. Au singulier comme au pluriel, au féminin (maladie) comme au masculin, cette douleur qui vient de l'amour est *a priori* mentale. Mais lorsqu'elle est lancinante, elle devient physique. Elle peut être due à l'incompréhension de l'être aimé. Le remède est difficile à trouver.

Le baisemain

On l'écrit « baise-main », ou « baisemain ». Ce geste de respect d'un homme envers une femme fut inventé en France à la fin du XIXe siècle en référence à l'amour courtois, qui date du Moyen Âge. La femme doit être mariée pour recevoir cette marque de déférence. C'est aussi un geste qui s'inscrit dans le langage amoureux, car dans certains pays il fait partie de la demande en mariage (auprès de la belle-mère). En Asie, c'est l'épouse qui pratique le baisemain envers son mari.

Un cœur d'artichaut

Une personne inconstante en amour, incapable de se fixer, qui tombe facilement amoureuse. Comme l'artichaut, il y a une feuille pour chacun et nombreuses sont les feuilles attachées au cœur, partie centrale de ce légume, lesquelles contiennent une partie du cœur lorsqu'on les détache et les savoure, avant d'atteindre le cœur, le meilleur de l'artichaut.

Mettre la main au panier

Fig. Mettre la main au derrière. L'expression qui date de 1890 est issue d'une locution triviale. Panier à crottes signifiait « derrière », « cul ». On disait en 1596 « panier à vesses ». Tout cela n'a rien à voir avec l'expression « le dessus du panier », qui signifie « le gratin », c'est-à-dire les personnes de la haute société.

Porter la culotte (les culottes)

Dominer, régner. Cette expression est réservée à la gent féminine et désigne une maîtresse femme dans un couple. Porter la culotte n'a rien d'original aujourd'hui où les femmes sont en pantalon, mais, à la fin du XVIIIe siècle, la femme est en jupe ou en robe.

Le regard qui tue

Un regard qui frappe, inoubliable. L'expression est attestée dès la première moitié du XIXe siècle, dans cette citation de Jacques Boucher de Perthes (*Petit Glossaire*, 1835) : « Un regard console, un regard tue. Le regard d'un homme vous révèle son âme. » À la même époque, en 1834, dans *La Femme de trente ans*, Balzac évoque comment le regard provoque l'arrêt de mort d'un amour possible : « L'indifférence d'un regard tue la plus heureuse passion. »

Un chaud lapin

Un homme sensuel. Le lapin symbolise la débauche sexuelle. Si, en plus, il est chaud, on imagine son hyperactivité et ses débordements. Jadis, on appelait « lapin » l'homme qui fréquentait les prostituées. Sans doute faisait-il songer au lapin au coït rapide. En ancien français, le lapin était nommé *cunil*, du latin *cuniculus*, qui a donné « cuniculture ». Puis il a été remplacé par « lapin », au XVIᵉ siècle.

Tenir à quelque chose comme à la prunelle de ses yeux

« Prunelle » est le diminutif de « prune ». Au XIIᵉ siècle, ce mot désigne la pupille de l'œil. Ce même mot est un diminutif qui vise le motif qui se forme dans l'œil – on dit alors « petite poupée ». Évidemment, sans cette prunelle, l'œil ne fonctionnerait pas. D'où la valeur affective qui est signifiée dans la locution.

Vert galant

Homme d'un certain âge très entreprenant auprès des femmes. On dit aussi « vieux beau ». L'expression date du XVIIe siècle. Auparavant, on appelait « galants » les bandits qui hantaient les bois. Puis le mot a pris le sens de « homme audacieux, entreprenant ». Le syntagme s'est appliqué à Henri IV, toujours désigné sous ce terme. L'adjectif « vert », qui qualifie le mot « galant », est le contraire de « mûr » et indique que l'homme âgé a gardé sa verdeur en amour.

Faire du gringue

Faire la cour de manière pressante. Le verbe *grigner* a donné le mot *grignon*, qui, au milieu du XVIe siècle, signifiait « croûton » – puis « quignon » – de pain. Au cours de la seconde moitié du XIXe siècle, le mot *grignon* a donné *gringue*, qui n'était autre chose que du « pain ». Aristide Bruant, au tout début du XXe siècle, utilise l'expression « faire du gringue » avec le sens de « chercher à plaire ». Une décennie plus tard se greffe la connotation d'empressement. Comment est-on passé du pain à la « drague » ? Selon Gaston Esnault, cela viendrait d'un rapprochement avec l'ancienne locution « faire des petits pains pour quelqu'un », qui signifiait initialement « faire l'aimable pour appâter », puis, par extension, « faire la cour ».

Avoir un faible

Avoir un penchant excessif. Cela peut concerner tant une chose (gourmandise) qu'une personne que l'on affectionne particulièrement. Cela signifie « avoir une préférence pour ».

Faire une touche

Fam. Plaire à quelqu'un. On dit aussi « avoir le ticket », tandis que « faire une touche » signifie « recevoir de quelqu'un une marque évidente d'intérêt érotique », par analogie avec le poisson qui mord à l'hameçon.

Emballer

Fam. Draguer. Ce terme n'a rien à voir avec l'emballage et la phrase répandue chez les commerçants : « Emballez, c'est pesé ! » Cela se rapproche davantage du terme « emballer » dans le sens de « ravir », « enchanter », « enthousiasmer ».

Papillonner

Flirter, aller d'un cœur à l'autre, être inconstant, à l'image du papillon qui volette d'une fleur à l'autre. C'est en quelque sorte « avoir des amours éphémères ».

Viens voir ma collection de lépidoptères

« Viens chez moi, je te montrerai mes atours. » La formule est assez élégante par rapport au piège qu'elle sous-entend. Elle était très répandue dans la seconde moitié du XXe siècle comme technique de séduction chez les garçons.

Apollon

Être très beau. On dit « beau comme un Apollon »,
ou « un vrai Apollon ». L'expression fait référence à la
mythologie grecque dans laquelle Apollon, fils de Zeus
et de Léto, est le dieu du Soleil, de la Raison, des Arts,
de la Musique et de la Poésie, et reste le symbole de la
beauté. C'était le plus beau des dieux. Grâce à sa stature
et sa grande carrure, il avait le pouvoir de séduire de
nombreuses nymphes, dont Coronis, qui lui donna un fils,
Asclépios.

Proposer la botte

Proposer de faire l'amour. Le mot vient du verbe *boter*,
« bouter », comme « bout ». Cette expression du
XVIIIe siècle se réfère à l'image du duelliste dont l'épée
pourfend l'adversaire. On dit aussi que « L'origine de
ce mot (bout) explique clairement que la proposition
ne peut venir que du genre masculin et non l'inverse. »

Faire battre le cœur

Rendre amoureux. L'expression laisse entendre que le cœur bat très fort, du fait qu'il bat en permanence. Mais, dans le langage amoureux, le cœur bat, tout simplement, il palpite, animé par le trouble, la passion, ce qui accélère la circulation sanguine. Citons ces beaux vers de Musset dans « Rappelle-toi » (*Poésies nouvelles*) : « L'absence ni le temps ne sont rien quand on aime. / Tant que mon cœur battra, / Toujours il te dira : / Rappelle-toi. »

Partie de jambes en l'air

Fam. Ébats amoureux. Cela rejoint l'expression « s'envoyer en l'air », mais l'expression qui évoque la position des jambes se veut encore plus précise.

Avoir plusieurs années de vol

Fam. Avoir de l'expérience en matière de sexe. L'expression s'applique généralement à une femme mature. On utilise le terme « vol » pour ne pas sortir du cadre des expressions telles que « s'envoyer en l'air », « partie de jambes en l'air » qui montrent que l'espace aérien est propice aux sensations fortes, voire au « vertige de l'amour », comme dans la chanson d'Alain Bashung.

Coureur de jupons

Homme qui accumule les aventures sexuelles.
L'expression est dérivée des locutions du XVIe siècle telles que courir le guildron pour « courir l'aventure » et courir le guildrou pour « fréquenter de mauvais lieux », qui ont donné « courir le guilledou ». *Le Dictionnaire de l'Académie française* de 1694 évoque cette seconde forme : « Aller souvent et principalement pendant la nuit dans les lieux de débauche. »

Donne-moi ta main

Sois ami(e). Geste d'invitation à l'amitié ou à l'amour.
L'expression « se donner la main » marque une étape plus avancée, qui décrit le lien entre les amoureux.

Main tombée

Argot. Geste érotique. Cela consiste à mettre la main au postérieur. Dans *Confessions d'un enfant de La Chapelle*, Albert Simonin écrit : « Ce n'était, dans cette foule ! [...] qu'embrassades, pelotages, mains tombées aux fesses, explorations de corsages ! »

Jeter son dévolu sur quelqu'un

Choisir une personne. L'expression date de 1698. Cela veut dire « manifester la prétention de posséder quelqu'un, conquérir, obtenir ». Choisir c'est élire, et forcément éliminer les autres. On lit chez Martin du Gard (*Les Thibault*) : « N'était-ce pas elle, qui, dès sa première rencontre avec Antoine, avait jeté son dévolu sur lui ? »

Piquer un fard

Rougir brusquement. Cette locution, attestée en 1878 par Gaston Esnault, a été précédée par « avoir un coup de fard ». « Piquer » signifie « prendre soudain » et « fard » est assimilé à « rouge ». Dans le sentiment amoureux, « rougir » est le signe d'une émotion forte stimulée par l'effet de surprise, que l'on ne peut maîtriser.

Aller aux fraises

Chercher un endroit pour faire l'amour. Cette expression, attestée en 1915 par Gaston Esnault, est fondée sur la couleur de la fraise, rouge sensuel, qui évoque l'excitation et l'acte sexuel.

Casanova

Symbole de séduction depuis le XVIIIe siècle. Dans son autobiographie *Histoire de ma vie*, Casanova fait état de cent vingt-deux conquêtes, femmes pubères ou moins jeunes. À la différence de Don Juan, il ne se revendique pas comme collectionneur ! Après l'acte sexuel, il s'attache.

Une mignonne

Une jolie fille, une femme attrayante. En 1160, *mignot* est devenu « mignon », et on suppose que *mignot* a donné « minet », encore utilisé de nos jours pour désigner le chat. L'expression est devenue très répandue en 1545, tandis que Ronsard écrit une ode adressée « À Cassandre » : « Mignonne, allons voir si la rose/ Qui ce matin avait déclose. [...] » Souvent employé en tant qu'adjectif (chez Molière, Flaubert, Alphonse Daudet), le mot « mignonne » désigne une personne charmante et, de surcroît, c'est un terme d'affection adressé à l'égard d'un être cher.

Chaud comme de la braise

Fam. Très sensuel, excité. On dit exactement « chaud comme une caille ». La comparaison avec la braise est plus forte, sachant que la braise conserve la chaleur. On en déduit qu'une personne « en chaleur » – puisque l'expression a une connotation de sensualité – est dans cet état en permanence.

Femme idéale

Femme de rêve « dont on n'a pas idée », tant elle est parfaite et qui, en tout cas, correspond à l'idéal de chacun, voire à un idéal collectif.

Play-boy

De l'anglais *play*, « jouer », et *boy*, « garçon » : garçon qui joue de son charme. Ce mot très répandu dans les années 1970-1980 est utilisé notamment dans une chanson de Jacques Dutronc (« Il y a les play-boys de profession »). C'est également le titre d'un magazine masculin américain fondé à Chicago en 1953 par Hugh Hefner, dont le succès est dû en partie aux playmates et aux photographies érotiques.

Sexe fort

Genre masculin. On considère « le sexe fort » qui s'applique à l'homme, l'être humain au masculin. Expression encore usitée de nos jours alors que l'on prône la parité.

Sexe faible

La femme, encore désignée sous le terme « beau sexe » et jadis « deuxième sexe ». Cette expression devenue rare est obsolète.

Un vrai don Juan

Séducteur. L'expression se réfère au personnage de Molière et auparavant au personnage du théâtre espagnol (cf. Tirso de Molina, 1630). Don Juan, pour qui conquérir les femmes est un jeu, est devenu un nom commun au XIXe siècle et a donné le nom féminin « donjuanerie », le nom masculin « donjuanisme » (dans les *Nouveaux Lundis* de Sainte-Beuve) signifiant « caractère, comportement d'un don Juan », et l'adjectif « donjuanesque ». Le verbe « donjuaniser » est employé par Balzac.

Un amour de tête

Un amour qui demeure cérébral. Raisonné et raisonnable,
ce sentiment peut contaminer le cœur mais aucunement
la zone du désir. C'est le style d'amour dont on se délecte
sous la plume des grands auteurs romantiques du XVIIIᵉ siècle,
puis ceux du XIXᵉ siècle, Lamartine, Alfred de Musset,
et bien d'autres.

Un cœur à prendre

Une personne à aimer, à posséder. Il s'agit d'un homme
ou d'une femme libre. Autant dire qu'il faut s'en emparer
sans trop attendre.

Aguicher

Exciter, provoquer. Vient de l'ancien français *aguichier*,
signifiant « aguicher », qui pourrait venir de *guiche*
« courroie », ou d'une variante d'« aiguiser » et
« agacer ». Dans le registre de l'amour, cela veut dire
« attirer érotiquement par des agaceries, provocations,
coquetteries ». Comme le souligne *Le Robert* : « Le sujet,
selon la conception dominante des rapports érotiques,
est le plus souvent une femme. »

En tenue d'Ève

Femme nue. Pour un homme, on dit « en tenue d'Adam ». On se réfère à Adam et Ève, dans le jardin d'Éden, dont la nudité a été un motif de tentation. L'expression « en tenue d'Ève » insinue, d'une certaine façon, le caractère sensuel qui se dégage d'un corps nu.

Dans le plus simple appareil

Tout nu. Ce mot vient du verbe *appareiller*, datant du XIIe siècle et signifiant à l'époque « préparatifs », « apprêts ». Claude Mauriac, dans *Le Temps immobile*, écrit : « Laure et Mme Adrien qui étaient encore dans le plus simple appareil du matin se sont enfuies dans leur chambre. »

Carré blanc

Interdit. Ce symbole affiché jadis sur l'écran de télévision servait de signal d'avertissement. Le film programmé était déconseillé aux enfants, lesquels pouvaient être choqués par des scènes violentes ou érotiques.

Faire des fredaines

Écarts de conduite sans gravité. Ces frasques, dans le domaine sexuel, sont jugées avec indulgence. Le mot « fredaine » date de 1420, issu de *fridaine*. Il vient de l'ancien français *fredain*, qui veut dire « mauvais », lui-même issu de l'ancien provençal *fradin*, qui signifie « scélérat ». Selon Guiraud, le mot appartient à la famille de « farder », « déguiser la vérité ». On se souvient de cette phrase de Molière dans *Les Fourberies de Scapin* : « Je voudrais bien savoir si vous-même n'avez pas été jeune, et n'avez pas, dans votre temps, fait des fredaines comme les autres. »

Le beau gosse

Beau garçon, beau jeune homme. L'expression est utilisée uniquement au masculin, alors que le mot « gosse » employé seul désigne un enfant, fille ou garçon.

Jeune premier

Amoureux. Comédien qui joue les rôles d'amoureux.

Avoir quelqu'un dans la peau

Fam. Être amoureux de... L'expression apparaît vers la fin du XIXe siècle. L'idée de pénétration de la personne à l'intérieur de la peau est révélatrice de la puissance du sentiment. Le contraire est inimaginable : comment vivre sans les éléments qui forment la peau ? Effectivement, « avoir quelqu'un dans la peau » signifie « la totale dépendance amoureuse, tant sentimentale que physique ou sexuelle ».

Faire l'amour comme des bêtes

Avoir des rapports sexuels intenses et répétés. On dit aussi « travailler comme des bêtes ». La locution « comme des bêtes », à elle seule, indique la violence, la frénésie. Mais, dans l'amour, cela précise la nature des rapports, qui, à l'instar des animaux, sont mécaniques et dénués de sentiments, mais efficaces.

S'envoyer en l'air

Éprouver un plaisir (sexuel) intense. Comme pour
ce qui est dit précédemment, l'amour, qu'il s'agisse du
sentiment ou du désir, a pour point d'ancrage préféré
les hauteurs atmosphériques : et s'élever dans les airs
en aimant, quoi de plus troublant ?

Une allumeuse

Femme excitante. En principe, l'expression moderne
implique que cette personne se contente de séduire,
mettre l'eau à la bouche, sans éteindre le feu. Elle laisse
l'homme sur sa faim, lui qui est embrasé par le désir.
Ce mot n'existe pas au masculin. Car on aurait tôt fait de
soupçonner cet homme de manquer d'attributs adéquats.

Ne pas avoir les yeux dans sa poche

Regarder franchement. Dans le contexte, cela signifie
« mater » (fam.), regarder avec fermeté en ayant
la volonté de séduire.

Courir la prétentaine

Chercher des aventures érotiques. L'expression date de 1606 et, du point de vue sémantique, équivaut à une autre expression archaïque : courir la calabre. Elle contient le mot « prétentaine », que l'on a rapproché d'un terme régional normand, *pertintaille*. Cela désigne un « petit ornement », genre fanfreluche, ou encore des « refrains de chansons ». Peut-être faut-il voir dans « courir la prétentaine » le sens de « chercher à s'égayer par une nouvelle chanson ».

Être à croquer

Mignon, appétissant. L'expression moderne s'emploie dans le registre amoureux, mais aussi pour définir un être auquel on porte de l'affection, tel un bébé, un enfant, un animal. Les termes de gourmandise s'infiltrent volontiers dans le langage de l'affect.

Damoiselle

Vieilli. Demoiselle, jeune fille de noble condition. L'expression est très employée au XIXe siècle. Par extension, on nomme ainsi une femme, même sans titre de noblesse.

Croquer la pomme

Fig. Prendre du plaisir. On devine la double connotation de l'avidité et de l'interdit dans cette expression. Elle se réfère à la scène biblique d'Adam et Ève, furieusement tentés par la pomme, c'est-à-dire le péché originel.

Entretenir une danseuse

Avoir une maîtresse. Par extension, « une femme entretenue ». En plaisantant, cela veut dire « une compagne », une « bonne amie ». Et, au figuré, la locution signifie « une activité qui coûte cher ».

Être porté sur la bagatelle

N'avoir d'intérêt que pour les plaisirs de l'amour. Bagatelle signifie « choses frivoles », mais, dans le domaine amoureux, cela désigne la « galanterie amoureuse », traduit par l'anglicisme *flirt*.

Tomber sous le charme

Être séduit. Le mot « charme » a le sens de « enchantement », « envoûtement », « ensorcellement », « magnétisme ». Le verbe « tomber » indique la force qu'exerce ce pouvoir de séduction, susceptible de provoquer la chute de l'être.

Faire la bête à deux dos

Fam. Faire l'amour. Métaphore érotique vieillie. Il s'agit d'un homme et d'une femme accouplés. On trouve cette expression chez Eustache Deschamps à la fin du XIVe siècle. Cependant, on octroie la paternité de cette invention à Rabelais. Georges Brassens, dans *Poèmes et Chansons*, écrit : « Le seul reproche, au demeurant,/ Qu'aient pu mériter mes parents,/C'est d'avoir pas joué plus tôt/Le jeu de la bête à deux dos. »

Faire l'amour

S'aimer sexuellement. L'expression est valable même en l'absence du sentiment amoureux. Elle existe depuis le XVIIe siècle. On la trouve en 1622 dans *Les Caquets de l'accouchée*. Cependant, dans la langue classique, le sens était différent et signifiait « courtiser » une femme. On disait « faire l'amour à quelqu'un ». C'est donc au XVIIe siècle que l'expression est très érotisée. Elle contient en outre une notion de raffinement, inexistante de nos jours.

Être main dans la main

Être très liés. La main est le symbole de l'union, du lien inaltérable. « Agir main dans la main », c'est s'engager pour un même objectif, envers et contre tout, en se montrant inséparables.

S'embrasser sur la bouche

Donner un baiser d'amour. Cet acte est réservé aux amoureux. Excepté dans certaines communautés, un baiser d'amitié se donne sur les joues.

La danse du loup

Avoir des relations sexuelles. L'expression date du XVIe siècle et désignait l'acte sexuel, tandis que, au XVIIe, « danser le branle du loup » voulait dire « faire l'amour ». À noter que le loup est un animal qui symbolise la sexualité (et aussi la fidélité : au sein d'une meute, une seule louve est choisie par le mâle dominant).

Être au septième ciel

Être dans l'extase que procure l'amour. Mais pourquoi le nombre 7 ? Cela fait référence à la cosmogonie antique. L'univers était formé de sept à onze sphères concentriques. Dans la philosophie judéo-chrétienne, où le ciel a une valeur théologique et les nombres 3 et 7 sont chargés de symbolisme, l'expression signifie « être transporté », « ravi ». À noter que l'on emploie moins souvent la locution « être au troisième ciel ». Le sens s'est élargi de nos jours. La locution adverbiale « au septième ciel » implique nettement une extase sexuelle.

Bonne

En langage moderne, « bonne au lit ». Le terme s'utilise même avant que la personne concernée n'ait eu l'occasion de le prouver. C'est un jugement au feeling.

Envoyer (écrire) un poulet

Envoyer un billet doux. Depuis le milieu du XVIe siècle, un « poulet » (ou *poullaict*, à l'époque) a d'abord eu le sens figuré de « missive », ou de « lettre », avant de se spécialiser en « billet doux », ou « billet galant ». Selon Furetière, la dénomination de « poulet » a été attribuée à ces billets dont les deux pointes du pliage représentaient les ailes d'un poulet. Molière, dans *L'École des maris* (acte II, scène III), transcrit le récit d'Isabelle à Sganarelle : « J'ai vu dans ce détour un jeune homme paraître, [...]/ Et m'a droit dans ma chambre une boîte jetée/ Qui renferme une lettre en poulet cachetée. »

Vénus

Déesse de la Beauté, de l'Amour et de la Séduction dans la mythologie romaine. Parmi ses attributs, citons le ceste – ceinture magique – qu'elle prêtait à Junon pour raviver l'amour de son mari volage (Jupiter).

Passer à la casserole

Fam. Accepter l'acte sexuel (en général pour la première fois). Georges Planelle, dans expressio.fr, donne la signification argotique : « À quoi sert une casserole, sinon à "sauter" des aliments comme des pommes de terre, par exemple ? Or, une femme qui subit, ou participe à un acte sexuel, ne se fait-elle pas "sauter" ? »

Être dans de beaux draps

Être dans une situation difficile. L'expression vient de « estre couché en blancs draps » (*Satire Ménippée*). Dans l'Antiquité et au Moyen Âge, l'habit blanc revêtait les personnages ridicules. Précisons qu'une œuvre de Céline est intitulée *Les Beaux Draps*. On est loin de l'expression amoureuse « se mettre dans les mêmes draps », qui veut dire « coucher ensemble ».

Marivaudage

Jeu de l'amour. Du nom de Pierre Carlet de Chamblain de Marivaux, auteur des *Fausses Confidences*, jouées en 1737. Peut-on provoquer l'amour par de fausses confidences ? Un siècle plus tard, en 1834, Alfred de Musset semble répondre à cette question dans *On ne badine pas avec l'amour.*

Porter des cornes

Cela se dit d'un homme qui est trompé par sa femme et a un rival. On ne sait pourquoi cet apanage que sont les cornes, du latin *cornua*, ou excroissances osseuses situées sur le front, désigne les individus. À moins qu'il ne s'agisse de cornes attribuées à des êtres fictifs comme « les cornes du diable ».

Être amoureux des onze mille vierges

Être amoureux de toutes les femmes. Cette expression du XVIIe siècle fait référence à la légende du massacre de sainte Ursule et de ses suivantes, les onze mille vierges. À sa mort, sur sa pierre tombale fut gravée l'inscription « XI.M.V », interprétée comme « onze mille », le « V » étant la première lettre de « vierge ». Ces vierges représenteraient l'ensemble des femmes dont l'homme pourrait être amoureux.

Avoir le béguin

Être amoureux. Le mot « béguin » est originaire de Belgique, précisément de Liège. Au XIIe siècle, le premier couvent de béguines accueillait des religieuses qui portaient une coiffure confectionnée en toile fine. Ce béguin, synonyme de « coiffe », « capuchon », « bonnet », s'est fondu dans l'expression « être coiffé de quelqu'un », pour ensuite donner « avoir le béguin de ». Ainsi la coiffe qui couvre la tête, siège des sentiments, s'est-elle confondue avec l'amour.

Être (se sentir) tout(e) chose

Se trouver dans un état désagréable. Telle était la
définition de cette expression au XVIIIe siècle. Dans *Yvette*,
de Maupassant, on lit : « Je n'avais rien. C'était ça [la
déclaration d'amour considérée comme une demande
en mariage] qui m'avait rendue toute chose. » Cet état
est dû au trouble de l'amour, qui rend vulnérable.
Actuellement, cela se dit couramment lorsque l'on
se sent bizarre, perturbé, sous l'emprise de l'amour.

Faire tourner la tête à quelqu'un

Émouvoir. La métaphore fait de la position de la tête
le signe d'un état mental. Et « avoir la tête qui tourne »,
c'est « perdre pied ». Ainsi l'amour a-t-il un pouvoir
incroyable sur le corps.

Aimer à en mourir

Aimer plus que tout. Le verbe « mourir » étant présenté comme une finalité trahit la fragilité de l'être aimé. La déclaration est en quelque sorte une imploration, un appel, voire une menace : « Je suis capable de mourir pour toi... si tu ne m'aimes pas assez. »

Faire le coq

Avoir une attitude fière et supérieure, comme fait le coq de la basse-cour parmi les poules.

Poule

Maîtresse. Se dit d'une séductrice qui vit de ses charmes – « poule de luxe » qui opère dans les milieux fortunés. Le mot « poule » est utilisé avec davantage d'égards dans l'expression « une mère poule », qui implique une maman douce et très attentionnée (voire trop) envers ses enfants.

Effeuiller la marguerite

Détacher un à un les pétales de cette fleur. Geste
traditionnel que l'on fait par jeu ou par superstition pour
connaître le sentiment véritable que l'on porte à l'être
aimé. Cela consiste à détacher le pétale jusqu'au dernier
en disant successivement la formule consacrée :
« Je t'aime un peu, beaucoup, passionnément, à la
folie ! » Au dernier pétale, la phrase citée correspond
au degré du sentiment.

La flèche de Cupidon

L'amour. Cupidon, dans la mythologie romaine, est
le dieu de l'Amour. En tombant amoureux de Psyché,
il se blesse avec l'une de ses flèches. Les amants se
retrouveront au prix de longues épreuves. C'est l'histoire
d'un amour durable.

Fiancé(e)

Personne qui a reçu une promesse de mariage.
Au XIIe siècle, le terme a le sens de « prêter serment »,
« promettre ». Il vient de l'ancien français *fiance*, « état
de l'âme qui se lie », « engagement ». Le mot tend à être
galvaudé et s'utilise pour désigner l'être aimé.

Mettre (avoir) le cœur en miettes

Souffrir. Cela équivaut à l'expression « briser le cœur ».
C'est forcément le cœur le plus exposé lors des peines
d'amour. Et s'il n'est pas en miettes, on dit également
qu'« il saigne ». Autant d'images que l'on ne peut vérifier,
mais qui sont traduites de manière cinglante et
pittoresque.

L'amour avec un grand A

Le grand amour. La majuscule détachée du mot et relayée
en fin de locution est une manière d'insister sur
l'importance du sentiment d'amour.

Avoir la tête dans les étoiles

Rêver, être ailleurs, être émerveillé. Pour atteindre de si hautes sphères, c'est que l'on n'a plus conscience des contingences matérielles. L'expression est employée non seulement dans le registre de l'amour mais aussi de la réussite, lorsque l'on est satisfait et heureux d'avoir obtenu un résultat.

Être sur son petit nuage

Être dans son monde. En clair, « être déconnecté du monde » pour savourer son petit bonheur. L'expression contraire, « descendre de son petit nuage », sous-entend que plus dure sera la chute !

Se noyer dans les yeux

Être absorbé par un regard. L'expression laisse imaginer la sensation d'emprisonnement que procure le regard et en même temps la douceur et la volupté de la noyade.

S'embarquer pour Cythère

Aller au-devant des plaisirs amoureux. L'île de Cythère, située en mer Égée, en Grèce, abritait le temple d'Aphrodite, déesse de l'Amour. C'est l'île des plaisirs amoureux. *Embarquement pour Cythère* est aussi le titre d'un célèbre tableau de Watteau, peint en 1718, qui se trouve actuellement à Berlin.

L'amour donne des ailes

L'amour rend plus fort. On a le pouvoir de voler comme un oiseau et d'atteindre les nuages. Cette expression révèle la transformation d'un être envahi par l'amour, capable d'enthousiasme et d'énergie démesurée. Elle sous-entend également que l'amour vous élève du sol et des réalités ordinaires.

Attendre le prince charmant

Attendre l'amour. Chacun se forge un idéal et rêve
d'un être qui aurait tout pour plaire. Il arriverait au bon
moment et serait perçu comme le sauveur, le bienfaiteur,
ce serait le bonheur. Tout est au conditionnel, car cette
image est celle des contes de fées. Le prince charmant
est un homme merveilleux, mais mieux vaut considérer
qu'il existe plutôt chez un homme ordinaire. Reste à
l'imaginaire de sublimer le personnage.

Se marier et avoir beaucoup d'enfants

S'unir et fonder une famille. Cette phrase toute faite,
écrite dans les contes de fées, s'emploie pour résumer
la situation en termes de bonheur, évitant les explications
superflues.

Le sexe des anges

Ce qui n'existe pas. La locution est employée dans
« parler du sexe des anges », c'est-à-dire « parler
de rien », sachant que les anges sont des êtres purs
et dépourvus de sexe.

Rouge passion

Rouge vif. On associe la couleur rouge à la passion,
sans doute parce qu'elle est celle de la flamme et du feu
qui réchauffe les cœurs et attise les sens.

Embrasser

Au départ, cela signifiait « prendre et serrer dans ses
bras », mais le sens est vieilli. Embrasser veut dire
« donner un baiser » sur le front, la joue, et aussi sur
les lèvres, la bouche. Le mot est employé tant dans
les expressions amicales, courtoises, qu'amoureuses.
Les amoureux s'embrassent « à bouche que veux-tu ».
Le Robert donne la signification familière : « rouler
une galoche, un patin, une pelle ».

Fleur bleue

Sentimental, romantique. Cet adjectif composé procède d'une locution métaphorique : « aimer, cultiver la petite fleur bleue », encore employée de nos jours.

Dire « Je t'aime »

Cette locution traduite dans toutes les langues est sans doute la plus usitée dans le monde. Elle est à la fois la plus ancienne et la plus moderne. Elle est utilisée à outrance ou rarissime, selon le tempérament de chacun. On peut considérer que cette expression qui peut être événementielle ou répétitive s'affiche à la fois comme une affirmation et une question, en attente d'une réponse.

User de son charme

Exploiter ses avantages physiques ou expressifs pour séduire.

Embrasser comme un dieu

Donner un baiser délicieux. C'est l'enchantement total. La référence au dieu implique la perfection et le côté subliminal de l'acte désigné. On est dans le domaine de l'irréel, car rares sont les dieux qui ont aimé des femmes en chair et en os.

La carte de Tendre

L'itinéraire de l'amour. Métaphore qui date de la moitié du XVIIe siècle. « Tendre » est le pays de l'amour, et les villages portent le nom de sentiments divers qui jonchent le parcours amoureux : Estime, Reconnaissance, Nouvelle-Amitié, etc.

(Sa) moitié

Personne aimée. Il faut considérer qu'en amour l'être n'est entier que s'il possède l'autre partie de soi-même, c'est-à-dire l'élu(e) de son cœur.

Jouer au chat et à la souris

Se courir après sans s'attraper ; se fuir, s'éviter.
Dans l'amour, ce jeu consiste à éviter l'autre, même
si, à certaines occasions, on rêverait d'être attrapé.
Le plus fort gagne. Le plus faible est entre ses griffes.

Sortir avec quelqu'un

Embrasser, flirter. Construire une relation amoureuse
et régulière avec quelqu'un.

Se mourir d'amour

S'ennuyer, se languir de quelqu'un que l'on aime.

Ce n'est plus de l'amour, c'est de la rage

Expression courante, employée avec ironie, qui signifie « c'est une passion violente et dévastatrice ». Au XIIIe siècle, le mot « rage », avec la préposition « de » (par exemple « rage de vivre »), a le sens de « passion violente », « goût excessif », « fureur ».

Dulcinée

Femme inspirant une passion romanesque ; fiancée, maîtresse. Le mot est souvent employé de façon ironique, comme si la dulcinée accaparait le cœur d'un homme, et qu'il n'en avait que pour elle. Cervantès, dans son roman *Don Quichotte* (1605 et 1615), nomme la bien-aimée de ce dernier Dulcinée du Toboso.

Troubadour

Chantre de l'amour au Moyen Âge. Ce personnage chante des chansons d'amour, notamment l'amour de lonh (« amour de loin »), où l'absence attise le sentiment.

La chair est faible

Il est facile de céder aux tentations. C'est la traduction
d'une parole d'Évangile : *caro autem infirma*. Cette
phrase proverbiale s'inscrit dans le registre sexuel.
On doit comprendre que le corps n'est pas à la hauteur
pour servir les besoins de l'âme, de l'esprit. Cette
expression est souvent employée avec humour pour
dédramatiser les faiblesses dans l'amour. Dans le même
genre, on dit : « On n'est pas de bois. » (Voir page 21.)

« À la Saint-Valentin, je te prends la main/À la Sainte-Marguerite... »

Fam. Déclaration humoristique pour les amoureux de la
Saint-Valentin, qui a lieu le 14 février. Pour trouver la rime,
il n'est pas nécessaire d'être à l'Académie française.
On dit encore : « Si à la Saint-Valentin elle te tient la main,
vivement la Sainte-Marguerite ! » À noter qu'il y a
plusieurs saintes prénommées Marguerite, ce qui permet
de se tenir au calendrier suivant : le 20 juillet, sainte
Marguerite d'Antioche ; le 16 novembre, sainte
Marguerite, reine d'Écosse... et, par la même occasion,
d'avoir droit à la tendresse escomptée.

S'enticher de

Le mot vient du XIIe siècle, issu de l'ancien verbe *entechier*, qui signifiait « entacher ». Le verbe pronominal devenu courant en 1845 veut dire « se prendre d'un goût extrême et irraisonné pour quelqu'un ou quelque chose ». Les synonymes sont légion : « s'amouracher », « se coiffer », « s'embéguiner », « s'emberlucoquer ».

Un baiser de cinéma

Un baiser pour de faux. Pour le tournage d'un film, on ne demande pas aux acteurs de s'embrasser, il suffit d'en donner l'illusion par des procédés utilisés dans les coulisses du cinéma. L'expression fait rêver, car rien ne trahit cette mise en scène.

Madrigal

Court poème d'amour. Boileau, dans son *Art poétique*, écrit : « Le madrigal, plus simple et plus noble en son tour,/Respire la douceur, la tendresse et l'amour. »

La bergère

Pop. La compagne. Ce terme populaire désigne la femme, considérée plutôt comme chienne de garde (la bergère ne garde-t-elle pas les moutons ?). Mais l'origine du mot est floue, sinon inconnue. Est-elle dans le sens de « gardienne » ou d'« intime » ? En effet, le terme « bergère » signifie « coiffure de la femme réservée à l'intimité ». En tout cas, ce mot révèle le degré d'intimité entre deux êtres.

Le démon de midi

Tentation sexuelle (et affective) qui affecte l'humain au milieu de sa vie. L'expression vient de la Bible (*Psaumes*, XC) et c'est le titre d'un roman de Paul Bourget, paru en 1914. La locution « le démon de » date de 1694. Ainsi existe-t-il « le démon du jeu », « le démon de la jalousie », « le démon de la chair ». On lit, dans *L'Amour monstre* de Louis Pauwels, cette phrase qui montre bien que le démon de la mi-vie affecte les deux sexes : « Figurez-vous que la vérité, c'est qu'elle ne voulait plus de moi. Elle avait son démon de midi. Elle voulait un autre homme. »

Ce n'est pas le perdreau de l'année

Ce n'est pas quelqu'un de tout jeune. On observe que, dans l'inconscient collectif, l'homme est un éternel chasseur. L'expression est employée lorsqu'un homme a trouvé chaussure à son pied. Si le « chasseur » a visé une proie qui n'est pas née de la dernière averse, alors c'est sûrement une perdrix, mais, en tout cas, ce n'est pas le tendre et succulent perdreau qui est né dans l'année.

Trouver l'âme sœur

Rencontrer l'amour. On considère en effet que l'autre est son « double je ».

S'aimer d'amour tendre

S'aimer avec tendresse. L'expression fait allusion aux « deux pigeons qui s'aimaient d'amour tendre », de La Fontaine.

Une jeune fille en fleurs

Belle jeune fille. Au stade de l'épanouissement, à l'heure où elle peut être cueillie. L'expression se réfère au titre d'un ouvrage de Marcel Proust, *À l'ombre des jeunes filles en fleurs*.

Je ne suis pas celle que vous croyez

Je ne suis pas une fille facile, qui se donne au premier venu. Tel est le sens de cette expression utilisée fréquemment au cinéma mais assez désuète dans le langage courant. Elle intervient souvent en réponse à une proposition dite « malhonnête » de la part d'un homme pressé.

Sexy (anglais)

Sensuelle et qui inspire la sensualité. De nos jours, l'expression est utilisée avec un sens plus vague, voulant dire « beau », « plaisant à regarder ».

Coiffer Sainte-Catherine

Se dit d'une jeune femme qui n'est pas mariée à vingt-cinq ans. Sainte Catherine, ou Catherine d'Alexandrie, est la patronne des jeunes filles (mais aussi des étudiants, des meuniers et des philosophes). Cette fête date du Moyen Âge. Le 25 novembre, les jeunes filles célibataires doivent porter un couvre-chef aux couleurs jaune (symbole de la foi) et verte (symbole de la connaissance), selon la tradition qui se fête à Paris, à l'époque. Sainte-Catherine est le symbole de la pureté (le nom est d'ailleurs issu du grec *katharos*, qui veut dire « pur », mot d'où vient aussi le nom des Cathares). Jadis, une « catherinette » était censée être vierge.

Trouver chaussure à son pied

Trouver l'homme (la femme) de sa vie, l'être qui convient parfaitement. Mieux vaut en effet, pour qu'une histoire sentimentale « marche » de longues années, que l'autre corresponde aux attentes. Or, une chaussure qui convient à son pied est confortable, ne fait pas mal et, dans le meilleur des mondes, est durable.

Prendre son pied

Prendre du plaisir, être pleinement satisfait. Tel est le sens de cette expression – qui n'est pas celui du texte : le vendeur soulève le pied de la jeune femme pour lui essayer le modèle, et nous aurions écrit « lui prend le pied ». L'expression populaire qui évoque le plaisir est souvent utilisée dans le domaine sexuel.

Avoir envie de quelqu'un

Désirer charnellement une personne. Le désir va de pair avec l'amour mais il peut également, dans maintes occasions, ne pas être lié au sentiment. Exemple en littérature : le roman épistolaire de Choderlos de Laclos, intitulé *Les Liaisons dangereuses*.

Faire le joli cœur

Séduire, se montrer charmant et courtois dans le but de plaire. Les expressions avec le mot « cœur » foisonnent. Le mot « joli » est si prometteur. Mais, attention, l'expression est trop belle. Séduire n'est pas un acte ponctuel.

Avoir une brioche au four

Fam. Être enceinte. L'expression montre bien qu'il faut un temps pour que la chose, en l'occurrence, le bébé sorte à point. Le mot « four » fait allusion à la chaleur du ventre maternel.

Convoler en justes noces

Se marier, se remarier. Selon la 8ᵉ édition du *Dictionnaire de l'Académie française*, « convoler » signifie « contracter un nouveau mariage en parlant d'une femme ». Cette définition n'est pas ratifiée par l'usage.

Filer le grand amour

On dit également « filer le parfait amour ». Cela signifie « aimer longtemps et avec constance ». Néanmoins, cette phrase est employée avec ironie, et avec une certaine incrédulité. Peut-être veut-on insinuer que des orages ont déjà terni le ciel des amoureux.

Les deux tourtereaux

Les deux amoureux. La tourterelle, comme toute espèce de columbidés (pigeon, colombe), symbolise l'amour fidèle.

Une Marie-couche-toi-là

Une femme facile. Le prénom Marie est également employé dans l'expression « une Marie-Madeleine » qui a la même signification de « prostituée », en référence à l'Évangile. Simple ou double, ce prénom est très courant et s'utilise autant pour une impression négative que positive.

Il y a de l'amour dans l'air

Il y a un flirt qui s'annonce. Cette expression est annonciatrice du bonheur à venir entre deux êtres. Et le fait de pressentir un rapprochement entre les êtres communique, à travers l'air, une certaine euphorie.

Se bécoter

Fam. S'embrasser. On songe à la chanson de Georges Brassens, « Les amoureux qui se bécotent sur les bancs publics ».

En pincer pour quelqu'un

Fam. Être amoureux d'une personne. L'expression, du XIXe siècle, trouve son origine dans la langue argotique de l'époque. Le verbe « pincer » viendrait des instruments à cordes qui peuvent offrir des sons différents en fonction de la façon de les pincer. L'image est plaisante, car cette musique ressemble aux pincements au cœur que provoque l'amour.

Avoir de l'amour à revendre

Avoir de l'amour en excès. On utilise cette expression pour désigner une personne généreuse, qui déborde d'amour. Cela se dit aussi d'un amant câlin et affectueux.

L'amour est aveugle

L'amour ne voit rien. La puissance du sentiment qui veut que l'on idéalise, sublime la personne aimée, exclut toute objectivité. Aussi les défauts n'apparaissent-ils pas comme tels aux amoureux.

Enterrer sa vie de garçon (ou de jeune fille)

Fêter la fin du célibat. Cette fête exclut forcément la présence de la future mariée. Contrairement à un enterrement, cette célébration n'a rien de triste, au contraire. C'est une manière de mettre fin éventuellement aux excès, aux aventures qui ont jalonné l'existence d'une personne libre et d'une vie peut-être débridée, et de se rallier à une certaine sagesse.

Mettre la corde au cou

Fam. Se marier. Ici, la corde fait davantage songer à une sorte de laisse qui rattache à l'autre et non à une corde pour se pendre.

Se mettre en ménage

Vivre avec quelqu'un. L'expression date du XVIIe siècle. Cela évoque la vie en commun en parlant d'un couple. Au XVe siècle, on disait « tenir mainage ».

Loin des yeux, loin du cœur

L'éloignement installe l'oubli. Ce proverbe indique que l'absence de proximité entre deux êtres est un risque pour la stabilité d'un amour.

Poser un lapin

Ne pas être présent à un rendez-vous. En 1880, on appelait « lapin » l'homme qui partait sans rétribuer les faveurs d'une prostituée. Claude Duneton, auteur de *La Puce à l'oreille*, se réfère plutôt à *Nana* d'Émile Zola : « Depuis trois mois, elle le faisait poser, jouant à la femme comme il faut, afin de l'allumer davantage. » Le verbe « poser » signifie « attendre ». Une prostituée, pour se venger d'un malhonnête, aurait-elle donc posé un lapin ?

Mettre le grappin dessus

Choisir quelqu'un et ne pas le laisser partir. C'est un terme de pêche qui est assez puissant dans le langage amoureux, le grappin étant censé être utilisé pour faire une prise et la garder prisonnière. Mais on s'en empare à force d'obstination.

Lune de miel

Les premiers temps du mariage. C'est le symbole traditionnel de l'amour heureux lors des tout premiers mois. Cette expression du XVIIIe siècle est souvent associée au voyage de noces. Elle est dupliquée sur l'anglais *honeymoon*, où le mot *honey* appartient autant au registre affectif qu'érotique. L'expression est également utilisée avec ironie et laisse sous-entendre des orages à venir. Elle figure également dans le sens de « bonne entente » dans les milieux politiques.

Un mariage blanc

Un mariage qui n'inclut aucun engagement de vie commune ni sentiment ni relation sexuelle. Ce type de mariage est consenti pour obtenir certains avantages. Il ne fait pas abstraction des liens du sang. Ainsi André Gide a-t-il fait un mariage blanc avec sa cousine Madeleine Rondeaux.

N'avoir d'yeux que pour quelqu'un

Ne voir qu'une seule personne. Cette expression
révèle la fascination qu'exerce un être dont les yeux
restent rivés sur la personne choisie, comme
accrochés, incapables de se porter sur autre chose.
Attention, c'est peut-être de cette manière que
l'amour rend aveugle (voir page 76).

Un suivez-moi-jeune-homme

Ruban de dentelle à deux pans qui flotte sur la nuque
d'une femme. Il est attaché au chapeau ou à l'arrière
de la robe, au niveau du cou, ou bien noue la
chevelure. Cette jolie expression laisse imaginer
le regard d'un homme fixé sur le mouvement léger
d'un ruban qui pourrait être défait.

Trousseur de jupons

Coureur. On devine l'ancienneté de cette expression, même si elle est toujours employée. Autrefois, les femmes portaient nombre de jupons sous leur robe et l'homme qui voulait arriver à ses fins ne pouvait échapper à cette étape de soulever ces épaisseurs de tulle et de dentelle pour finaliser sa conquête.

Déclarer sa flamme

Avouer son amour. En littérature, le mot « flamme » est employé comme étant « la passion amoureuse, le désir amoureux ». Dans son ouvrage intitulé *Réponses aux injures et calomnies*, Ronsard écrit : « J'aime à faire l'amour, j'aime parler aux femmes/À mettre par écrit mes amoureuses flammes [...]. »

Demander la main

Demander en mariage. La tradition veut que le prétendant fasse la demande au père de la jeune fille. Georges Brassens met un point d'honneur à passer outre ces principes : « J'ai l'honneur de ne pas te demander ta main », chante-t-il dans « La non-demande en mariage ».

Avoir la bague au doigt

Avoir obtenu une promesse de mariage. Il s'agit de la bague de fiançailles, qui symbolise un engagement de la part du prétendant. S'agissant du mariage, on parle d'« alliance » et non de « bague ». Cette expression n'est donc valable que pour une future mariée.

Un nid d'amour

Endroit choisi pour faire l'amour. Par définition, le nid est la couchette que les oiseaux bâtissent d'abord pour attirer la favorite, puis pour fonder une famille en pondant les œufs. La forme ronde du nid n'est pas anodine. Elle comprend l'encerclement qui abrite les amoureux, sans la moindre issue vers l'extérieur.

Vivre d'amour et d'eau fraîche

Vivre sans argent, être détaché des réalités matérielles. Dans cette expression, l'amour n'occupe pas une place réellement positive. On pourrait penser qu'il est un beau rêve et ne s'enclenche pas dans la réalité du quotidien. L'expression renvoie à une image « peace and love », ou bien encore à des temps immémoriaux, à l'époque d'Adam et Ève. On sait bien que le fait d'avoir croqué la pomme a engendré la nécessité du travail. De nos jours, heureusement, amour et travail ne sont pas incompatibles.

Scènes de ménage

L'expression « scènes de ménage » désigne des aléas de la vie conjugale, déclenchés tantôt par un détail futile, tantôt par des faits plus graves (trahisons), etc.

Avoir de beaux restes

Être restée belle. Se dit d'une « femme mûre très présentable ». L'expression ne semble pas s'appliquer au genre masculin. On dit alors « un vieux beau ». L'avantage est que l'adjectif « beau » figure dans l'une ou l'autre expression, pas de jaloux !

Faire du plat

Bavarder pour séduire. Cette expression date du XIXe siècle et signifiait à la fois « flatter bassement », mais aussi « faire la cour à une femme de manière insistante et généralement déplaisante ». Changement de ton au XVe siècle. Donner du plat veut dire « adresser de belles paroles, des bavardages ». À cette époque, plat avait aussi le sens de « langue ».

Herbe d'amour

Raiponce orbiculaire. C'est le mot vernaculaire de *Phyteuma orbiculare*. Parmi les vertus médicinales de la raiponce s'inscrivent les effets aphrodisiaques, qui calment le mal d'amour... sentimental !

Un amour consommé

Acte sexuel motivé par le sentiment. Cette expression renvoie au registre matériel, en particulier alimentaire. On confond l'amour charnel avec un produit que l'on consomme.

Une mante religieuse

Fig. Femme cruelle à l'égard des hommes. Elle les « dévore », à l'instar de l'insecte carnassier des régions tempérées qui mange le mâle après l'accouplement. Dans *La Physique de l'amour*, Remy de Gourmont évoque cet insecte qui accepte jusqu'à sept mâles « et cette Barbe-Bleue, l'œuvre accomplie, les croque sans rémission ». Dans le langage sexuel, le mot « croquer » est plutôt plaisant, car il connote la gourmandise ou l'insatiabilité. On emploie aussi le terme « mangeuse d'hommes », qui met l'accent sur l'appétit sexuel. Cela n'a rien à voir avec le sens premier de « mante ». Ce mot issu du grec *mantis* signifie « prophétesse ». À noter que l'insecte a souvent les pattes antérieures repliées et jointes, comme un être en génuflexion. En réalité, le syntagme « mante religieuse » est un pléonasme.

Un amour consumé

Amour éteint, amour mort. L'amour est souvent comparé au feu. Lorsqu'il n'y a plus ni flamme ni étincelle, il faut souffler très fort sur la braise pour qu'il reprenne.

Un amour feu de paille

Amour violent et passager. Utilisée dès le XVe siècle, cette expression très imagée évoque bien la flamme immense et éphémère qui dévore la paille, laquelle, contrairement au bois, n'a aucune résistance. Aussi l'amour d'un instant ne peut-il résister ni au temps ni aux grandes brûlures de l'âme.

Une souris

Femme à attraper, femme à croquer, une mignonne, une femme de petite vie. Le mot fait partie du vocabulaire masculin, l'homme se mettant du côté du « chat », expert en chasse à la souris. Il se prend pour un gros matou qui emprisonne la souris dans ses griffes, l'estourbit et joue avec. Pour la souris, il n'y a aucun choix : s'enfuir estropiée, mais vers quel destin ? Se laisser croquer et, une fois dans l'estomac du matou, en finir avec la vie. Ainsi, appeler une femme « une souris », c'est moins gentil qu'on ne le dit.

Gagner le cœur de quelqu'un

Susciter son affection, son amour. Au Moyen Âge,
le cœur symbolise la vertu guerrière. C'est le même
sens que l'on trouve chez Corneille dans *Le Cid* :
« Rodrigue, as-tu du cœur ? » Dans la présente
expression, le « cœur » est synonyme de l'« amour ».
Lorsque le sentiment d'amour ne saute pas aux yeux
pour un amoureux transi, ce dernier doit alors
trouver une stratégie efficace et gagner le cœur
de sa belle à la sueur de son front.

Avoir un chagrin d'amour

Être profondément attristé à la suite d'une
déception amoureuse. Cette tristesse a fait l'objet
d'un thème riche et redondant dans la littérature.
La blessure de l'amour a inspiré les poètes du
XIXe siècle – Lamartine, Vigny, Musset, Baudelaire.
De tout temps, l'être humain a pu se montrer
inconsolable d'un chagrin d'amour.

Remettre le couvert

Fam. Faire l'amour une seconde fois. Bien que l'expression « un goût de reviens-y » soit préférable et jolie dans le registre alimentaire, c'est pourtant la même sémantique pour l'une ou l'autre locution. On emploie l'expression notamment quand un homme renoue avec son ex-femme ou ex-partenaire. Mais ce n'est pas seulement dresser la table lorsqu'il y a eu de la vaisselle cassée. Le substantif « couvert » équivaut au participe passé du verbe « couvrir », ce qui expliquerait la connotation sexuelle dans le langage familier. On peut ajouter que le verbe « mettre », au sens vulgaire, figure également dans cette phrase évocatrice de galantes retrouvailles.

Mettre la graine

Fam. Faire un enfant. Métaphore bien connue destinée à faire comprendre aux tout-petits la technique de la reproduction. On connaît par cœur : le papa met la graine dans le ventre de la maman. L'expression est compréhensible pour nos chères têtes blondes, véritables graines de génie, et ne vieillit pas au fil des générations.

Courir la gueuse

Rechercher les aventures galantes. L'expression attestée en 1808 comprend le mot « gueuse », qui n'est pas à prendre au sens de « malheureuse en haillons » mais comme « femme de mauvaise vie ». Cela n'a rien à voir avec « la Gueuse » que l'on écrit avec une majuscule et qui désigne la République, au début du xxe siècle, dans la bouche des royalistes. Raymond Queneau nous donne l'atmosphère de l'expression précitée dans *Pierrot mon ami* : « Cet homme s'appelait Petit-Pouce. Il était petit, râblé, costaud, âgé de quarante-cinq ans, marié mais courant la gueuse, natif de Bezons, électeur dans l'onzième [...] ». Aujourd'hui, on utilise une expression plus douce pour « courir la gueuse ». On dit « courir le guilledou » (voir p. 32).

Le café du pauvre

Fam. Acte sexuel. L'expression se rapproche de « prendre son café » (xixe s.), qui signifie : « prendre du plaisir », « passer un moment agréable ». On lit, dans *Du mouron pour les petits oiseaux* d'Albert Simonin, cette phrase : « Il lui en naissait un vague regret du sans-façon de Petit-Louis le cycliste, du culot qu'il avait celui-là de venir, après la cantine, s'offrir avec elle le café du pauvre dans la cabine du standard ! »

Le chat est dans l'horloge

Il y a une scène de ménage. Il s'agit d'une expression typique du nord de la France. On dit alors : « L'cat i-est dins l'horloche ». Les disputes de couples effraient le chat, de nature paisible et pacifique. Jusqu'à ce que l'orage passe, il se réfugiait dans l'horloge, qui avait la taille d'un placard dans certaines régions.

Faire les yeux doux

Avoir un regard tendre. Il est plus facile de séduire avec les yeux doux qu'avec des yeux de vipère, qui ne sont pas faits pour amadouer mais pour refouler.

INDEX DES EXPRESSIONS

DANS LA MÊME COLLECTION

Virginie de Bermond-Gettle,
Proverbes du jardinier expliqués

Michel Brivot et Nicole Masson,
Citations philosophiques expliquées

Paul Desalmand et Yves Stalloni,
Expressions mythologiques expliquées

Paul Desalmand et Yves Stalloni,
Proverbes oubliés expliqués

Dominique Foufelle,
Citations historiques expliquées

Le contenu de ce livre a été extrait de l'ouvrage *Expressions amoureuses* publié en 2013 aux Éditions du Chêne.

La sélection des textes a été réalisée
par Nicole Masson et Yann Caudal.

© 2017, Éditions du Chêne – Hachette Livre
www.editionsduchene.fr

Directrice générale :
Fabienne Kriegel

Responsable éditoriale :
Laurence Lehoux

Suivi éditorial :
Sandrine Rosenberg, assistée d'Éloïse Tétaud et d'Elma Ziane

Direction artistique :
Claire Panel, sous la direction de Sabine Houplain

Mise en pages :
Patrick Leleux PAO (Nicolas Chevalier)

Lecture-correction :
Valérie Mettais

Fabrication :
Nicole Thiériot-Pichon

Partenariats et ventes directes :
Mathilde Barrois (mbarrois@hachette-livre.fr)

Relations presse :
Hélène Maurice (hmaurice@hachette-livre.fr)

Édité par les Éditions du Chêne
(58, rue Jean-Bleuzen 92178 Vanves Cedex)
Achevé d'imprimer en janvier 2017
par Blackprint CPI en Espagne
Dépôt légal : février 2017
ISBN 978-2-81231-626-5
85/1397/2-01